Henri La[illegible]

Les Portraits Enchantés

[illegible]

"Éditions Spé[illegible]"

Les Portraits Enchantés

Super omnes docentes se intellexit.

Portrait de DE LATOUR Maurice Quentin.

Henri LAVEDAN
de l'Académie Française

Les Portraits Enchantés

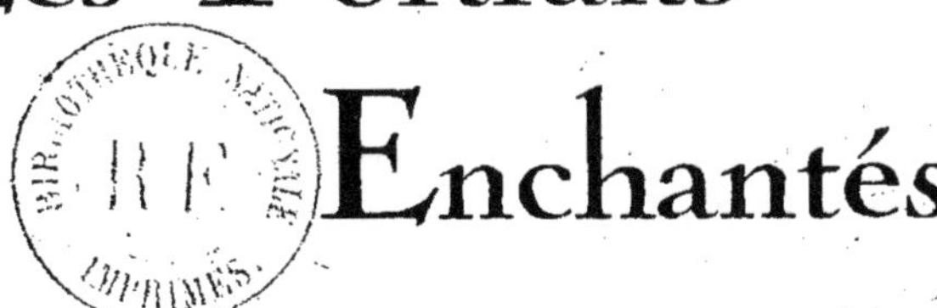

1917 — 1927

" Editions Spes "
17, Rue Soufflot, PARIS (Ve)

1927

Il a été tiré de cette plaquette vingt exemplaires sur Madagascar des Papeteries Lafuma, numérotés de 1 à 20, et 980 exemplaires sur alfa, numérotés de 21 à 1.000.

N° 188

Les Portraits Enchantés

— En 1917 —

Dans une ville. En terre de France envahie, ou « chez eux », du côté du Rhin. On ne sait. Un après-midi de décembre.

La scène représente une salle vide, c'est-à-dire qu'il n'y a pas un meuble.

Au milieu, dans le fond, une porte à deux battants, fermée.

A gauche, — dans l'angle du fond qu'elle supprime, — s'ouvre une baie donnant accès, par toute sa largeur, à une autre salle, plus petite, vide également.

En retour, à gauche et au premier plan, une haute fenêtre à petits carreaux, sans rideaux. Devant cette fenêtre, et ne montant pas assez pour la masquer, un massif de plantes vertes. Au pied de ce massif, un trophée, composé de fusils, de casques français, d'obus de 75, etc.

Dans les deux autres angles de la grande pièce, à droite, au fond et sur le devant, mêmes verdures, mêmes trophées.

Au milieu du panneau de droite, une belle cheminée de marbre blanc. Posée dessus, une pendule de bronze doré, Louis-Quinze, grand modèle, avec ses flambeaux.

Dans la cheminée, un feu de bûches, qui claque.

Et alignés en perspective, sur les murs des deux salles, dans une géométrie parfaite :

LES PASTELS DE SAINT-QUENTIN

SCÈNE PREMIÈRE

MICHEL, soldat allemand, puis FRITZ, autre soldat allemand. Michel est gras et bien vêtu. Son uniforme est comme neuf. Il a des lunettes. Par-dessus ses bottes, il porte d'énormes chaussons de feutre noir.

MICHEL, au milieu de la pièce, regardant à droite et à gauche, pour juger de l'effet.

Oh ! ce brigand de laurier qui dépasse ! (Roide et mécanique, il va au massif du fond rectifier la branche en défaut. Les bûches remuent.) Et le bois qui bouge ! qui rompt l'alignement ! (Même jeu. Il vient, et, avec les pincettes, il le rétablit. Jetant un dernier coup d'œil.) Là ! Les trophées sont beaux. Le feu est d'ordonnance. Les parquets brillent. La pendule marche au pas. J'ai fini. (Il fait un mouvement pour s'en aller, puis se ravise. Il se dirige avec prudence jusqu'à la baie et il risque un long regard de circonspection sur les tableaux de la petite salle. Se parlant à lui-même, à mi-voix.) Oui. Oh ! parbleu ! maintenant, pas de danger qu'ils bronchent ! (Revenant alors dans la première pièce, il se livre au même manège mystérieux, observant par saccades, avec une visible inquiétude, presque avec crainte, quelques-uns des pastels, s'en approchant comme un timide qui prend son courage à deux mains, et aussitôt s'en éloignant comme si leur vue le gênait.)

(Tandis qu'il s'est arrêté devant un, le sourcil froncé, on frappe doucement à la porte du fond. Surpris par le bruit, il s'écarte du portrait, puis riant à moitié.) Bête je suis ! J'ai cru que c'était lui qui frappait ! (Il va à la porte qui est fermée à clef, à deux tours, et dont les deux verrous, en haut et en bas, sont poussés. Il tourne la clef, il tire les verrous. Il ouvre et reconnaît Fritz, qui passe sa tête par l'entre-bâillement.) Tu m'as effrayé ! (Le retenant.) As-tu les chaussons ?

FRITZ

Les voilà. (Par l'ouverture, il tend sa main au bout de laquelle se balance une paire de chaussons pareils à ceux que porte Michel.)

MICHEL.

A tes pieds. Pas aux mains. Ça n'est pas des gants. Veux-tu te faire fusiller ? L'ordre est clair. On n'entre pas ici, personne, dans le Mûuzée, sans le chausson. Mets le chausson... (Fier.) Il vient de Strasbourg.

FRITZ.

Je le mets. (Il les enfile et montre ses pieds par la porte.)

MICHEL.

Bien. (Quand Fritz est entré et qu'il a refermé.) Qu'y a-t-il ?

FRITZ, en train de souffler.

Attends... J'ai couru. Il y a...

MICHEL.

Je le sais. Il y a pârâde aux pastels, ici, tantôt.

FRITZ.

Et qui la passe, la pârâde ? Le sais-tu ?

MICHEL.

Oui. Le colonel.

FRITZ.

Non.

MICHEL, sûr de lui.

Le colonel a été dit.

FRITZ

Mais pour tromper.

MICHEL, étonné.

Ce n'est pas le colonel ?

FRITZ.

Non.

MICHEL.

Alors c'est le général ?

FRITZ.

Non.

MICHEL, très surpris.

Ce n'est pas le général ?

FRITZ.

Non.

MICHEL, craintif.

Alors, c'est le gouverneur ?

FRITZ.

Non.

MICHEL, rassuré.

Ce n'est pas le goufer...

FRITZ.

Non.

MICHEL, orgueilleux.

Alors, c'est un de nos princes ? C'est Ruprecht ?

FRITZ.

Non.

MICHEL.

C'est Eitel ?

FRITZ.

Non.

MICHEL, qui reprend peur.

Pas si vite ! Alors c'est... quoi ? C'est le Kron ?...

FRITZ.

Non.

MICHEL, soulagé, mais éperdu.

Pas le ?... Es-tu sûr ? bien sûr, Fritz ?

FRITZ.

Je suis sûr, Michel.

MICHEL, à bout.

Mais, mais, mais... alors ? C'est le Kaiser ?

FRITZ, sombre et baissant la tête.

C'est le Kaiser.

MICHEL, figé.

Och !

FRITZ, relevant soudain la tête.

Et puis qui ? Dessus encore ?

MICHEL, rebondissant.

Un encore dessus ? Sur le Kaiser ?

FRITZ.

Oui. Allons ? Tape un clou.

MICHEL, ravi, hennissant.

Hin...

FRITZ.

... denburg ! Notre ! Oui.

MICHEL.

Mein Gott ! Raconte.

FRITZ.

J'ai découvert cela tout à l'heure, à la Kommandantur, par secret. Alors j'ai pensé : « Il ne faut pas perdre une syllabe, je vais le galoper à Michel, en un clin d'œil. S'il le sait, il m'enseignera peut-être davantage. Et s'il ne le sait pas, je lui apprendrai ». Et j'ai mis mon cou dans mes jambes. Il fait grand froid.

MICHEL, montrant la fenêtre.

Voilà qu'il neige.

FRITZ, pensant.

Le Kaiser ! Le maréchal !

MICHEL.

Tous les deux à la fois ! On les croyait en Pologne...

FRITZ.

Et puis pas du tout. Ils vont au front. Ils ne devaient pas s'arrêter.

MICHEL.

Alors ?

FRITZ.

Une idée. Un caprice. Le plaisir de descendre une heure dans cette ville, et pour rien, pour voir ça ? (Il montre les tableaux.)

MICHEL.

Seulement ?

FRITZ.

Oui. C'est drôle. Comprends-tu, toi ?

MICHEL.

Non. Mais cela ne m'étonne pas (grave et plein de sous-entendus), parce que ces tableaux... (Il s'arrête et hoche la tête.)

FRITZ.

Eh bien ! quoi ?

MICHEL, levant les bras et les yeux au ciel.

Ah ! Ah ! C'est quelque chose de... oh !...

FRITZ.

Veux-tu dire qu'ils sont bien faits, bien coloriés, pareils à des personnes ?

MICHEL.

Oui. Mais ça n'est pas ça. Je veux dire, qu'ils sont...

FRITZ.

Parle.

MICHEL, bas.

... Enchantés ! Possédés ! Endiablés ! Une damnation ! (se rapprochant.) Écoute. Depuis des mois que je les garde, et que je mange et dors avec, je les connais bien. Or, (se tournant vers eux), remarque-moi ces airs de penser qu'ils ont ? d'avoir des secrets ?

FRITZ, incrédule.

Allons donc !

MICHEL.

J'en suis sûr. Le jour encore ils ne bougent pas, ils se retiennent. Mais la nuit !

FRITZ.

Quoi, la nuit ?

MICHEL.

Ils parlent.

FRITZ.

Pour de bon ? Tu les as vus parler ?

MICHEL.

Non, mais entendus. Dix fois, vingt fois.

FRITZ.

Tu es fou.

MICHEL.

Les premiers temps je couchais ici, dans la pièce. Maintenant, plus. Oh ! plus !

FRITZ.

Où donc alors ?

MICHEL.

Sur le carré, contre la porte. J'ai fini par obtenir ; sous prétexte qu'ainsi je gardais mieux, parce qu'il faudrait, pour entrer, me passer sur le ventre. Le vrai : c'est que, depuis que je les avais entendus mener leur sabbat, je mourais dans ma peau.

FRITZ.

Qu'est-ce que c'est leur sabbat ?

MICHEL.

Tout. Des soupirs, des bruits de respiration, de sièges qu'on remue, des craquements d'étoffes, de semelles. Et puis alors des vrais entretiens, du babillage, et des complots.

FRITZ.

A voix basse ?

MICHEL.

Et tout haut, comme nous faisons là.

FRITZ.

C'est terrible. Il faut le dire. Dis-le.

MICHEL.

Eh non ! Car si je le dis, d'abord on ne me croira pas. Et ensuite je perdrai ma place. Et on m'enverra en première ligne dans le « Trommel-feuer ! » Mais je ne suis pas fou. Quand le tapage devenait trop fort, chaque fois que j'ai allumé et que je suis entré, brusquement... — « Wer da » ? j'ai trouvé tout en ordre, avec une ruse infernale ! Et chaque fois, quand j'étais remis dans le lit, et que je rêvais du mollet de Bertha, ça recommençait.

FRITZ.

Et que disent-ils ?

MICHEL.

Je ne les comprends pas.

FRITZ.

Et pourtant, tu sais le français !

MICHEL.

Je le parle bien. Je l'entends bien. C'est vrai. Toi aussi.

FRITZ.

Dame ! Depuis trois ans, on a eu le temps de l'apprendre, pour après, l'autre guerre.

MICHEL.

Celle économique, oui. Enfin, pour que je ne comprenne pas leur langage, il faut qu'ils disent des horreurs. Ce sont des fantômes, je te promets, Fritz, des revenants. Au lieu d'honorer ces portraits, on devrait les détruire. Ils nous causeront malheur. A moi pauvre en premier.

FRITZ, inquiet.

Et moi je retourne. Adieu. La nouvelle de la pârâde a déjà sué dans la ville. Je l'ai vu en venant.

MICHEL.

A quoi ?

FRITZ.

A l'animation qui s'allonge. Preuve qu'on sait. Les troupes sont sorties et rangées partout, devant la Cathédrâle, au Jardin Public. Il y a grand mouvement de vient-et-va et la Militâr-Polize est sur la mâchoire. Adieu. (Salve d'artillerie.)

MICHEL, un doigt levé.

Canon.

FRITZ.

Ils arrivent ! Je ne pourrai plus passer. C'est trop tard. Les rues seront barrées. Que faire ?

MICHEL.

Reste là, dans le coin des fleurs, fixe ! comme moi. Tu verras tout. (Détonation d'artillerie.)

FRITZ.

Encore canon ! (Sonnerie dans les airs.)

MICHEL.

Cloches !

FRITZ.

Par ordre. (Cuivres, fifres et tambours.)

MICHEL.

Et musique !

FRITZ.

Tu peux ouvrir. On se remue gros, là, derrière. (Il montre la porte, au delà de laquelle, en effet, s'élève un grand brouhaha.) Ouvre, va.

MICHEL.

Quand on me dira. (Coups violents à la porte.)

FRITZ.

On te dit.

MICHEL.

Hell ! Aïe ! C'est le gouferneur ! (Grognements, vociférations. Michel a ouvert.)

SCÈNE II

LES MÊMES, LE GOUVERNEUR. IRRUPTION, AVEC LE GOUVERNEUR, DE QUELQUES FONCTIONNAIRES ET SUBALTERNES.

LE GOUVERNEUR, faisant feu de partout.

Was ? Quoi donc ? Chien ! Veau ! C'est fermé ? quand le Maréchal et le Kaiser !... Et pourquoi fermé ? Hein ? S'il te plaît ? Réponds ? Mulet ! Non. Tais-toi ! Baisse les yeux, et regarde-moi, sans mentir ! Et fais attention qu'au moindre souffle, je t'écrase, comme un colifichet ! (Calme tout à coup.) Et maintenant (il arpente la pièce) voyons cela! voyons... voyons... si c'est honorable, et poli, digne, et recta-recta (Satisfait.) Oui. C'est pien ! Soyons chustes ! C'est pien... Presque pien ! (A Michel.) Mais tu seras, oui, garçon, quand même puni, pour m'avoir fait peur, et mis en colère. (Tourné vers les subalternes.) A vous, messieurs, un mot. N'oubliez pas... (Mais la porte est brusquement ouverte à deux battants. On aperçoit dans le fond, sur le carré, des soldats pétrifiés qui présentent les armes.)

UN OFFICIER, qui accourt, lance au gouverneur :

Le Maréchal !

UN AUTRE, complète :

Le Kaiser !

Aussitôt, des commandements. Des pas sur la pierre. Des casques et des casquettes. Un groupe d'hommes plastronnant, au visage enluminé de nourriture et de froid. Des buées de fortes haleines.

En tête, l'un à côté de l'autre, au même niveau, le Maréchal et l'Empereur.

L'État-Major entre à peine dans la pièce, n'en dépassant que de peu le seuil. Le gouverneur et les subalternes s'écartent à reculons.

Le Kaiser et le Maréchal sont seuls dans le grand vide laissé autour d'eux.

Le canon a cessé. Les cloches se taisent. La musique s'arrête. Un énorme silence, à effet, et voulu.

SCÈNE III

LE MARÉCHAL, L'EMPEREUR, LES AUTRES

LE GOUVERNEUR, d'une voix forte, mais qui chevrote d'émotion.

Sire, Monsieur le Maréchal, nous avons l'honneur de vous présenter les pastels de Saint-Quentin, de France.

LE KAISER, après avoir pris toute sa respiration.

Les voilà donc ! On les a eus. Nous les avons. Victoire aussi, là. Partout, messieurs. Gloire à Dieu !

L'ÉTAT-MAJOR.

Gloire !

LE KAISER

Avant toute chose, je vous observerai, messieurs, que cette exposition a été très profondément creusée, mâchée, organisée.

Au lieu qu'ils soient comme à Saint-Quentin mélangés au hasard, sans esprit de discernement et dans une confusion sotte, ces tableaux fameux ont été débrouillés et, selon le rang, la profession, le degré zôciâl, classés par catégories (Désignant tour à tour, sur les murs.) Si je fais un demi-à-droite, je vois, ici, le roi Louis-Quinze, les princes... Là, les maréchaux. Après, l'Académie. Les chanceliers. Les fermiers généraux. Les artistes. Les abbés. Si je fais un demi-à-gauche, de ce côté, je rencontre les dames. La Reine. Princesses. Bourgeoises. Favorites. Comédiennes. Danseuses. Fretin d'opéra. Ainsi seulement je m'explique et je déduis. J'ai l'ensemble et le détail. C'est la bonne méthode, où nous éclatons. Grâce à la logique et à la discipline qui ont présidé, il me suffit dès lors d'un simple coup d'œil sur cette formation serrée pour que j'embrasse aussitôt tous ces groupes et toutes les unités qui les composent, pour que tous ces tableaux me deviennent faciles à apprendre et à retenir, car c'est de cette façon seulement, permutés et disposés autant pour les besoins du cerveau que pour la récréation de la vue, qu'ils se répondent par vis-à-vis comparatifs et se connectent les uns les autres. (Murmure de forte approbation.) Je saisis mieux alors que c'est la France entière, telle qu'elle a été, qui est ramassée sur ces panneaux. Nous avons là, à portée de nos mains soigneuses, la France d'hier, tandis que tous ensemble nous travaillons si bien celle d'aujourd'hui. Ces tableaux nous procurent celui de la France, même de celle d'à présent, car sous le vernis de sa valeur nouvelle et sous la grave élévation qu'elle doit à nos coups, elle reste au fond la même. Elle ne changera jamais, jamais ! Elle ne changerait que si nous la changions, nous, les précepteurs du monde. Ce n'est pas impossible, et l'avenir est grand ! (Une pause de méditation pour l'avenir. Puis, reprise.) En attendant, le jour que, dans leur précipitation de départ, nos distraits ennemis ont oublié ces portraits de famille, ce fut là pour nous, qui les repêchâmes avec respect, un beau coup de filet, messieurs, qu'en pensez-vous ? (Ya ! ya !... expriment dans l'assistance les yeux humectés de grosse malice, les dents largement découvertes, les gorges qui s'étranglent.) Aussi, j'interprète en symbole.

Quoique hélas ! on en soit loin encore... il me semble pourtant, devant ces images, que j'ai fait prisonnière la France !... Chacun m'entend ? (Ils font signe : Oh ! que oui !...) et qu'elle est à nous, là pendue, dans la personne et la diversité de tous ses ancêtres, de son souverain, de ses grands seigneurs, de ses anciens hommes de guerre et de ses anciens riches, de toutes ses capacités dans les deux genres, le bon... et le mauvais. C'est un rêve, peut-être ? Savourons néanmoins, en ce moment, avec l'amabilité du Créateur, la joie de le caresser. Tout ce que nous avons accompli d'immense jusqu'à ce jour a commencé aussi par être rêve... Et cependant, nous y sommes ! La possession de ces chefs-d'œuvre est une réalité ! Ils me représentent comme sur table, un beau jeu de cartes étalé... Toutes les figures y sont. Le roi, la dame, les valets...

LE MARÉCHAL, grognant et traçant un signe en l'air.

Les as.

LE KAISER.

... Oui. Tous les atouts. On les tient. Nous gagnerons. (Ebrouement général.) Et maintenant, messieurs, en récompense du labeur qui fut rude, passons au plaisir délicat. Vous le méritez. Nous allons regarder ensemble et admirer ; admirer dans la franchise et la vaste santé intellectuelle comme nous savons le faire, avec l'amour, l'enthousiasme, et le culte réfléchi que l'on doit à l'art, au grand art, à toutes ses productions si coûteuses, si difficiles, si magnifiques ! L'art, on l'a proclamé justement, n'a point de patrie. Il est à tous et tous le revendiquent. En face du beau, fût-il chez nos pires ennemis, notre bras, qui retombe, lâche aussitôt le fer et le feu, et nous demeurons désarmés. Toujours fiers sans doute, ainsi qu'il convient. Nous ne plions pas le genou, mais nous inclinons nos pensées. Nous saluons, mais d'où nous sommes ; de haut, en dominant. Sans jalousie et sans fiel nous reconnaissons le talent, même étranger. (Se tournant vers l'état-major.) Faisons, messieurs, si vous le voulez bien, le tour des salons (Il se met en marche, avec lenteur. On le suit. Il s'arrête devant le portrait de Louis XV, et sur un ton de gronderie qu'il s'attache à rendre fine et un peu cordiale) : Eh bien ! Sire ? Eh bien ? Mon Dieu oui ! C'est nous. C'est moi ! Ah ! mon cousin ! Quelle affaire ! Quel ennui de plus, mon bon frère, on vous donne ! C'est « le déluge d'après vous », que vous remettiez, qui arrive ! Ce n'est pas le premier, car il y en a eu d'autres déjà dans vos bosquets, avant celui-là. Espérons que c'est le dernier ? (Quelques pas. Il aperçoit le maréchal de Saxe, et aussitôt l'aborde.) Eh bien ? monsieur le maréchal ? Que je suis aise de vous voir, ou plutôt de vous revoir! car nous sommes, rappelez-vous, de vieilles connaissances ! Mais oui, duc de Courlande et de Sémigallie. Vous nous revenez tard, mais, comme dit le proverbe : mieux vaut tard...

HINDENBURG.

Que jamais. (Déférence dans l'assemblée.)

LE KAISER.

D'ailleurs, vous fûtes au fond des nôtres, fils de la belle comtesse Aurore de Kœnigsmark ! Vous aviez été élevé rudement, en soldat ; vous étaliez la superbe taille et la carrure de nos grenadiers, vous mangiez de la soupe et du pain, vous étiez protestant, vous commandiez le régiment d'infanterie allemande de Sparre, qui manœuvrait à la prussienne. Sans doute il est dommage que vous vous soyez un instant battu contre nous, mais cela n'empêche pas que tout ce qu'il y avait de bon et de supérieur en vous était allemand. L'athlète, le géant, l'homme des violents exercices, le grand chasseur, l'Hercule du bivouac, le victorieux par l'application de nos méthodes militaires, c'est l'Allemand. L'agité, le débauché de mauvaise compagnie, le buveur des soupers et le titan d'amour, c'est le Français, qui a tout gâté. (Demi-tour vers l'état-major.) Est-ce pas vrai, messieurs ? (Et tous les visages d'exprimer en levant les yeux au ciel ou en les fermant : « C'est la vérité pure ! » Revenant au maréchal de Saxe.) Aussi, le plus beau jour de votre vie ne fut pas, comme on l'enseigne, celui de Fontenoy, mais celui où vous fûtes reçu à Berlin avec la plus grande magnificence par mon divin aïeul, Frédéric II. Enfin, détail d'une signification prophétique : ayant dans votre glorieuse retraite obtenu d'avoir à Chambord des Gardes, comme le roi, vous n'eûtes rien de plus à cœur que de vous payer un régiment de uhlans façonnés d'après les nôtres. (Avec intention piquante.) Il y a toujours eu entre la terre française et le uhlan une affinité singulière et secrète. (On saisit.) Maintenant laissez-moi vous dire, monsieur le maréchal, toute ma surprise de vous voir, vous si brutal et fougueux, un cavalier à pistolets... traduit en pastel ! en cette substance frivole ! Il eût fallu à mon sens, pour vous rendre au vrai, un pinceau de fer de chez nous. La preuve et le résultat, c'est qu'on n'a reproduit ici que la moitié de votre personnage, le Français, et que par malheur rien de l'Allemand ne perce. M. de la Tour, — impuissance ou pudeur, — paraît s'être rendu compte lui-même qu'il aurait eu tort avec vous de forcer son talent ; il s'est cantonné au visage et il a eu le goût de nous éviter cette cuirasse à reflets, cette peau de tigre, ces cordons et ce bâton à fleurs de lis dans lesquels vous avez, partout ailleurs, coutume de vous pavaner. Mais souffrez que je vous quitte. Ces messieurs de l'Académie française nous font signe d'aller à eux. Venons-y donc. (Il fait un pas. On le suit. Nommant les portraits qu'il désigne.) Voltaire, d'Alembert, Rousseau, Duclos, Crébillon le père, Moncrif. Il y a de tout, du génie et du néant. Sous le même titre il s'en faut de plus d'un cheveu qu'ils se vaillent ! Méfiant, jaloux, aigri, encore plus rebuté de lui que des autres, corrompu et corrupteur, sensible comme une plaie... c'est leur Rousseau. Un malade contagieux. (Il indique le suivant.) Duclos, si content d'être fin, tout en vanité de soi, et qui porte la tête comme un chapeau brodé... Crébillon, honnête et médiocre tragédien, dont la honte et la célébrité furent son fils ; Moncrif, un plaisant qui aimait les chats ; et les deux derniers, les plus grands, Voltaire et d'Alembert. Avec ces deux-là, nous nous sentons, messieurs, en pleine communauté d'idées et de culture ; ils furent nos admirateurs, nos amis ; ils verraient avec déplaisance aujourd'hui comment on nous juge dans leur pays ; ils avaient, comme nous tous, la sainte horreur de la guerre ; ils voudraient à présent la concorde, soyez-en sûrs, et sauraient l'imposer à l'opinion ; ils seraient nos meilleurs agents de propagande, les instigateurs, les encyclopédistes de la paix, de la paix franco-allemande et de la paix universelle. C'est une catastrophe, vous m'entendez, que la disparition, dans le monde, de ces merveilleux esprits politiques dont la graine ne lève plus que chez nous. Je regrette beaucoup que les circonstances ne me permettent pas de m'attarder ici, près de l'auteur de *la Henriade* et de *la Pucelle*, car j'aurais eu plaisir à vous exprimer, messieurs, l'enthousiasme que m'a toujours causé ce grand génie à la pointe caustique si allemande ! Mais, hélas ! le temps nous presse.

HINDENBURG, fort.

Oui.

LE KAISER, montrant les autres portraits.

... Et il nous en reste encore un régiment à inspecter de ces tableaux ! Il faudra même que nous en sautions. Sauter des La Tour ! C'est affreux ! Tenons-nous-en au dessus du panier. (Il fait deux pas.) Voici messieurs Grimod de la Reynière, de la Popelinière, et de Neuville. Orgueil, dédain, graisse, appétits. Les paons, les dindons, et les gorets de la finance. (Hilarité des courtisans. Il fait deux pas.) Puis messieurs les abbés. Après la noblesse et le tiers état, le clergé. Ah ! les abbés XVIIIe siècle, si francs, si lurons et vicieux ! Comme ils disent bien les péchés de cette société brillante et pervertie ! Comme tout en eux la confesse ! Cet abbé Hubert qui fait le niais sur son gros livre, à la chandelle, cet abbé Pommyer tout luisant, dont l'œil et la narine à la fois polissonnent, ce petit Père Emmanuel ratatiné de malice en sa bure de capucin... voyez-moi s'ils en savent long sur tous ces gens-là qui les entourent ? Taisez-vous, messieurs les curés ! Allons ! Vous parlez trop ! Mordez-vous la langue. Vous trahissez le secret de vos pénitents ! Mais... c'est la faute des dames ! (Il se dirige vers leur travée...) des dames qui les attirent chez elles, qui les cajolent, les emploient, et les achètent. Dames de toute espèce. La Reine. La Dauphine. La Pompadour. Ah ! Pompadour ! Pompadour... Femme Poisson, soyez la bienvenue ! Et vous non moins, la Camargo, la Favart, la Fel, la Dangeville, la Puvigné... demoiselles baladines, théâtre... galanterie !... (Tourné vers l'état-major, avec un petit œil.) Mais vous semblez, messieurs, tout dérangés par ces fripons minois... comme si vous vouliez avec... faire camarade ? (On rit, on est content. Il s'adresse à Hindenburg.) Jusqu'à notre illustre farouche dont tout à coup l'on dirait, mein Gott, que le front s'empourpre sous les lauriers ?

HINDENBURG.

Non, Sire. Le front Hindenburg ne bronche pas. Et quand il se teint, c'est d'un autre rouge.

LE KAISER.

Voilà répondre. (Aux officiers.) Imitez, messieurs, votre Incorruptible. Ne vous laissez pas, même devant ces filles-pastels, ces filles-fleurs, troubler par la matière. Oubliez-la dans les camps, en face surtout du sexe ennemi. Soyez atroces, mais courtois. Il suffit. Nous savons que de ce côté... aucun reproche. Assez. Il faut rompre avec tout ce monde l'aimable commerce. (Parlant aux portraits.) Au revoir, fous ! Vestiges coquets ! Jolies figures ! Plaisanterie d'hier ! Pardon de s'arracher de vous, mais c'est pour se mettre en état de vous garder toujours. On se marie. Sur ma tranchante épée, je le jure, vous resterez chez nous, dans nos palais d'Allemagne. On ne vous rendra pas. Plaignez-vous donc ! Vous retrouverez mes Watteau...

HINDENBURG.

Sans parler des autres, qui vont rejoindre.

LE KAISER, surpris.

Lesquels ?

HINDENBURG.

Ceux de Lille.

LE KAISER.

Ah ! aussi, oui. (Aux pastels.) Vous serez à Berlin le badinage de nos docteurs et la leçon de notre peuple expert. Vous entendrez, enfin, causer sérieusement ! On étudiera tout contre et d'après nature comment vous êtes faits. On proclamera, certes, que vous êtes des blocs de gentillesse et des monuments de grâce et que tout cela est habile et tourné, plein de bons endroits... mais que c'est fait vite, à l'étourdie, que ça n'est pas pioché, approfondi, raclé. Chez nous, même ce qui paraît enlevé de suite, s'est fait fort lentement et remonte à loin. Il faut qu'on souffle, qu'on pousse et qu'on s'y reprenne. Bravo ! Pas de vrai chef-d'œuvre sans gros travail. Aussi nous voyons l'effet colossal qui pour des siècles se place, et demeure. C'est que nous pensons à préparer, et qu'ensuite nous terminons ! Tandis que le Français pas. Nous remarquons bien, ici, de jolies « préparations, » mais alors on n'a point fini ; et dans cette guerre, — qui est autre chose que pastel, — et où la préparation a manqué..., vainement et trop tard *ils* tâchent de finir. Veulent-ils s'appliquer au grave ? Ils font la culbute. (Montrant le portrait de La Tour par lui-même.) Exemple : celui-ci, ce pauvre diable de demi-génie, sous les doigts duquel sont nées toutes ces images si claires. Eh bien ? au sommet de son âge il perdit la raison. S'était-il pas mis dans l'idée, figurez-vous, de taquiner la métaphysique ? (Hilarité générale.) Elle l'a tué, comme une mouche. A qui la faute ? A lui. Ils n'ont pas pour ces grands sujets les têtes qu'il faut, (vers Hindenburg) nos puissantes têtes carrées, monsieur le maréchal.

HINDENBURG.

Danke.

LE KAISER, s'animant.

Enfin, leur vieux, leur horrible défaut : ils se moquent. Preuve, tenez, c'est qu'après tant de contre-coups, malgré tant de causes de deuil, et aujourd'hui devant tant de malheurs, regardez-les : Ils rient ! Comme ils riaient jadis, ils rient encore ! et pour l'éternité. C'est leur charme, — et leur châtiment ! Depuis cent cinquante ans que leur pays glisse, ils rient ! Pyrâmidâl ! Ils sont gais ! aussi joyeux et frais que leurs couleurs ! Nous les avons pincés, et cependant tous bien rasés, narquois, impertinents, ils continuent de ricaner, jusque sous la lance de nos moustaches ! Beaux esprits, petits cœurs. On n'a jamais vu ça. Ma parole, messieurs, ils ont l'air... ENCHANTÉ !

HINDENBURG.

Ils ont, oui.

LE KAISER, explosant.

Qu'ils rient donc ! Tel qui rit vendredi... (Avec un beau salut circulaire aux pastels.) Mesdames, messieurs, à dimanche ! (Groupant du geste autour de lui tous les gens de son cortège.) Et maintenant, à vous, officiers de nos états-majors, je veux dire une chose. Écoutez-la. Pour perpétuer l'immortel souvenir de cette conquête artistique nous avons fait établir par les soins de nos sommités un splendide répertoire de ces tableaux que vous voyez ici rassemblés. (D'une voix forte.) C'est le corps d'occupation des troupes de Bapaume qui, sous le haut patronage de notre frère bien-aimé Sa Majesté Guillaume II, roi de Wurtemberg... (La main au casque. Tous l'imitent.) a exécuté cet ouvrage impérissable et en a fait les frais. Honneur soit rendu à eux tous, dessinateurs, graveurs et particulièrement à messieurs les docteurs et professeurs si éclairés du Service des Étapes ayant assumé la responsabilité du texte et couronné chacun de ces portraits d'une glose parfaite et définitive qui est, quatre-vingt-sept fois de suite, un pur bijou ! Ajouter que ces pages ont été imprimées à Munich, c'est dire tout. Oui, en pleine guerre, sur terrain ennemi, dans l'atmosphère des combats, voilà ce que nous faisons, nous les Goths ! les Huns ! le peuple des cavernes ! pour apprendre au monde, et donner l'exemple ! Et ce n'est qu'un commencement. De pareils catalogues seront demain partout dressés, de tous les mûzées de France qu'une chute providentielle en nos mains a sauvés à temps de l'incurie et de la dégradation, pour témoigner que nous savons célébrer comme il faut le talent et la beauté. Qu'après cela les nations civilisées de l'Entente continuent, si elles le veulent, à nous traiter de barbares ! En avant les Barbares ! Hurrah ! Uber Alles ! Auf ! A présent ! le livre ! Le livre de La Tour ! Qu'on me le donne ! Je le veux ! (Un officier, qui n'attendait que cet ordre, s'avance et lui tend le livre. Il le prend.) C'est lui. C'est le premier exemplaire. Avant de retourner au milieu de mes armées qui grondent, je le laisse ici (Il le pose sur la cheminée), parmi ces chefs-d'œuvre, comme un bouquet de fleurs d'Allemagne en hommage à l'Art français (Se tournant vers Hindenburg et l'invitant du geste à sortir avec lui.) Monsieur le Maréchal.

HINDENBURG.

So. (Ils s'ébranlent tous.)

LE KAISER, se retournant.

Ceux d'entre vous qui seraient curieux de profiter encore peuvent rester.

HINDENBURG.

Mais dans une heure, tous en bas, devant.

Le cortège est bientôt sorti. Deux officiers seulement sont restés, un lieutenant prussien, et un ober-leutnant bavarois, avec Michel et Fritz, en faction, muets, immobiles chacun dans son coin.

SCÈNE IV

LES OFFICIERS

LE BAVAROIS.

Exquis notre Kaiser !

LE PRUSSIEN.

C'est un charmeur.

LE BAVAROIS.

Il peint, lui aussi.

LE PRUSSIEN.

Il sait tout.

LE BAVAROIS.

Son discours a été bien gracieux.

LE PRUSSIEN.

Et bien profond.

LE BAVAROIS.

Dommage qu'on l'oubliera, et qu'il soit perdu !

LE PRUSSIEN.

Il ne sera pas. On l'a sténographié. Pour tout l'Empire.

LE BAVAROIS.

Quel bonheur !

LE PRUSSIEN.

Mais par exemple le maréchal...

LE BAVAROIS.

Quoi ?

LE PRUSSIEN.

Il s'embêtait ferme.

LE BAVAROIS.

Ah ! dame ! il n'est pas énormément pour pastel.

LE PRUSSIEN.

Non. Je reviens au Kaiser. Il a été parbleu magnifique.

LE BAVAROIS.

Inouï ! fabuleux !

LE PRUSSIEN.

Une chose pourtant m'a déplu, et étonné, de lui, si poli !

LE BAVAROIS.

Laquelle ?

LE PRUSSIEN.

... Quand il a insulté Pompadour.

LE BAVAROIS.

Comment cela ?

LE PRUSSIEN.

Oui, qu'il l'a appelée femme-poisson !

LE BAVAROIS, riant, car il sait, lui.

Ach ! Mais non ! Vous n'avez pas compris !

LE PRUSSIEN.

Qu'est-ce que cela veut dire ?

LE BAVAROIS, n'osant pas.

C'est... C'est un compliment au contraire ! un mot d'esprit pârisien, d'esprit câlembour. Cela veut dire... sirène, qui séduit, femme-poisson, enchanteresse...

LE PRUSSIEN, soulagé.

Ah ! oui, oui, oui. Maintenant j'y suis. A la bonne heure ! Excusez-moi, mon cher.

LE BAVAROIS.

Comment donc ?... mon cher ! Mais quoi ! On n'est pas forcé de tout saisir ainsi, vite, à la volée...

LE PRUSSIEN.

N'est-ce pas ? Bien sûr.

LE BAVAROIS.

Ni de tout connaître. Moi, tenez, il y a une chose que j'ignore et qui m'a brouillé, dans le morceau du Kaiser...

LE PRUSSIEN.

Vous aussi ? Quoi donc ?

LE BAVAROIS.

Vous vous souvenez de toutes ces dames qu'il a nommées, de France ? (Comptant sur ses doigts.) la Fel, la Dangeville, la Camargo, la Puvigné, la Favart.

LE PRUSSIEN.

Oui... Eh bien ?

LE BAVAROIS.

Mais qui est cette autre qu'il a dite, à la fin ? dont Voltaire a conté la vie ?

LE PRUSSIEN, qui croit deviner.

Ah ! la Pucelle ? C'est Jeanne d'Arc !

LE BAVAROIS, se récriant.

Oh ! je sais bien, voyons ! Non ! l'autre demoiselle ? la Henriade ?

LE PRUSSIEN, éclatant, car il sait, lui.

Ach ! Mais non ! (Il pouffe.) Vous n'avez pas compris. La Henriade !

LE BAVAROIS.

Enfin, qui est-ce ?

LE PRUSSIEN, n'osant pas encore.

Je vous dirai, je vous dirai. Plus tard. Dehors. Sortons. J'ai lorgné en venant, au coin de la place, une « restauration » qui m'a l'air bien gentille.

LE BAVAROIS, montrant la galerie.

Et les pastels ?

LE PRUSSIEN.

Sans doute ! Mais... la saucisse ! (Il lui prend le bras.) Figurez-vous, mon cher, que cette Henriade... c'est un homme !

LE BAVAROIS.

Un h... ! Oh ! ces Franzose ! Croyez-vous ! (Alléché.) Contez-moi ça ? (Ils sortent.)

SCÈNE V

MICHEL, FRITZ.

FRITZ, se détirant.

Joie de dégourdir.

MICHEL, approuvant.

Un peu. Eh bien ? Fritz ? Tu as tout vu ?

FRITZ.

Que c'était beau, Michel !

MICHEL.

Tu me prends ma pensée, Fritz. Mais... ils ne doivent pas être contents !

FRITZ

Qui donc ? (Montrant la porte.) Ceux qui sont partis ?

MICHEL.

Non. (Montrant les pastels.) Ceux qui sont restés.

FRITZ, se touchant le front.

Toujours ta folie ?

MICHEL, tourné vers les portraits.

Je les connais. C'est cette nuit qu'ils vont en dire ! Je ne pourrai pas serrer l'œil. Viens vite. Voici le soir. (Se parlant à lui-même.) Consigne : « A la tombée du jour, fermer les pastels. » J'obéis. (Il jette un dernier regard aux tableaux.) Ah ! là ! là ! Que va-t-il... ? (Tous deux passent le seuil. La porte se rabat. Bruit du tour de clef dehors, des verrous. Plus personne dans le musée. Beauté du silence.)

SCÈNE VI

LES PASTELS

Mais on entend bientôt de fins ramages d'étoffes, chuchotements de soie, murmures de velours, des bruits de pieds légers qui glissent, de sièges qu'on avance et de jarrets qui craquent, l'aimable et discrète rumeur d'une assemblée de bon ton. Le feu de bois alangui et qui chancelait pétille, se ranime ; à la minute, il entreprend d'éclairer tout seul les salons qu'il réchauffe..., et déjà, dans la pénombre noyée d'or, on distingue en silhouette un digne homme d'abbé, bien perruqué, au dos rond d'église, au petit manteau, qui pose sur la cheminée, d'une main prudente, un flambeau court à double branche. Prononcé tout bas, son nom vole au refrain d'une chanson :

C'est l'abbé Huber
Notre grand vicaire
Lanlaire !
Dont le nez riche en tabac
Met du caffé sur son rabat
Lanla !...
Il apporte de la lumière.

Et en effet, les deux simples chandelles suffisent à répandre partout une clarté comme s'il y avait buissons de bougies à Versailles, à la galerie des Glaces. On voit apparaître à présent, dans le vif renouveau de sa grâce ressuscitée, la foule élégante et souple qui circule avec une aisance harmonieuse. Tous les pastels sont descendus de la petite estrade où depuis si longtemps chacun tenait la pose ; ils ont repris pied, et les cadres devenus vides sont de doux miroirs qui, en les reflétant, les conservent encore. On marche, on s'arrête, on est assis, on se penche sur une épaule, on se parle à l'oreille. La robe à fleurs d'argent répond aux agaceries de l'épée. L'éventail masque le visage, abrite une rougeur, intercepte un baiser et permet un aveu. Des violons, si lointains et si lents qu'on les dirait défunts, — peut-être ceux du Roi ? — soupirent, par intervalles. Et tout à coup, après un instant d'accalmie, pendant lequel ont pris fin les menus propos à voix basse, les portraits redressés au rappel de la vie, parlent debout, tout haut, comme autrefois.

LE ROI.

Je vois que vous n'en pouvez plus !

LA TOUR.

Ah ! Sire ! (Un grand frémissement agite l'assemblée.)

LE ROI.

Allez-y donc, messieurs ! Et vous aussi, mesdames. Parlez, je vous en prie. Ne vous gênez pas !

LA TOUR.

Le Roi le permet ?

LE ROI.

Il vous le demande.

LA TOUR.

Ah ! C'est que, — j'en préviens votre Majesté, — nous en avons... plein le cœur !...

LA CLAIRON.

Je bouillonne !

LA TOUR.

... et nous allons, je le crains, en lâcher de roides !

LE ROI.

Je n'ai pas peur, monsieur. La Reine non plus, ni personne ici. Vous pouvez tout dire aujourd'hui.

LA TOUR.

Il m'a mis en un tel état !

MADEMOISELLE FEL.

Et moi donc ?

LES ABBÉS.

Nous-mêmes ! Le clergé !

MONSIEUR DE JULIENNE, amateur éclairé.

Tous il nous a choqués.

LES FINANCIERS.

Blessés.

LES GENS DE GOUT.

Irrités.

LES PHILOSOPHES.

Assommés.

LE ROI.

Il fut sot, odieux. Ne le ménagez pas.

LA TOUR.

Vive le Roi ! (Se tournant vers l'assistance.) Ah ! mes amis !... Mes amis !... (Imitant l'Empereur.) Se connectent les uns les autres ! Hein ?

LA CLAIRON.

« Connecte-toi toi-même ! »

DUCLOS.

Il a pesé, c'est certain.

LA TOUR.

Et quels mots ! Quels matériaux il est allé chercher !

CRÉBILLON.

Il parle assez bien le français.

DUCLOS, faisant la moue.

Ce n'est pas le nôtre. Et puis, il le prononce comme il le pense : mal. Il ne parle d'ailleurs que pour s'écouter.

LA TOUR.

Il s'y connaît en art... comme Camargo en droit canon !

L'ABBÉ HUBER, peiné, à la Tour.

Ne mêlez pas les choses saintes...

LA TOUR.

Son outrecuidance est universelle. Il n'a dit que des bêtises.

MONSIEUR DE JULIENNE.

Évidemment, le pastel lui échappe.

LA TOUR.

Il ne sait rien. C'est un âne. Cette grotesque façon de nous enrégimenter ! Ses demi-à-droite ! Ses demi-à-gauche ! L'impertinence de ses : Eh bien ? Au roi !

MADAME DE LA POPELINIÈRE, outrée, montrant le maréchal de Saxe.

Au maréchal !

LE MARÉCHAL DE SAXE, désignant Madame de Pompadour.

A Madame !

LA REINE.

... en lui donnant... son nom de jeune fille ! oh !

LA POMPADOUR, placide.

Ça ne m'a pas émue.

LE ROI, entre ses dents.

Elle en a vu d'autres !

LA TOUR.

Enfin vous m'avouerez qu'il s'est conduit comme une espèce ? Pas un de nous qui n'ait été pour lui l'occasion recherchée d'un manque de savoir, de tact et de manières !

MADAME GRIMOD DE LA REYNIÈRE, à la Tour.

A commencer par vous. Il s'est exprimé sur votre compte avec une grossièreté... !

LA TOUR, évasif.

Laissons cela, Madame. Ces injures personnelles du Kaiser, je pourrais les relever... je m'en garderai bien.

GRIMOD DE LA REYNIÈRE, bas, à sa femme.

Il va les détailler toutes.

LA TOUR.

Il a dit que je « préparais » sans finir ! Quelle injustice ! et quelle absurdité ! Il a dit que mon art était superficiel, et léger, de surface... moi dont le grand souci fut toujours de dessiner et de bâtir. Il a dit que j'ai été fou !

PLUSIEURS.

Jamais !

D'AUTRES.

C'est une horreur !

LA TOUR, se modérant.

Il est vrai que j'ai eu l'esprit fatigué au bout de ma vie.

MADEMOISELLE FEL, indulgente.

Mais non. Mais pas du tout !

LA TOUR.

Si ma chère, si, un brin. Mais le trouble qui m'agitait, c'était, sans que je m'en doutasse et que je pusse le sortir, le pressentiment affreux, et caché, des malheurs qui devaient aujourd'hui nous arriver, à moi, à vous tous, à mon œuvre, du fait de ces scélérats et de ces malappris ! Et ce qui m'indigne le plus, ce n'est pas qu'ils nous aient faits prisonniers, non... — et je vous dirai tout à l'heure pourquoi, — c'est qu'ils nous comprennent si mal. Nous ont-ils regardés ? Je n'en suis pas sûr, puisqu'ils nous voient rire ! Ce Kaiser croit que nous sommes des lurons, qui pouffent, qui s'esclaffent ! L'aveugle ! Le grossier ! Il ne s'est même pas aperçu que nous souriions ! Saints du ciel ! Beautés de l'Olympe ! Il confond le rire avec le sourire ! L'Allemand rit. Hélas ! Il ne sait que rire. Et de quel calibre est chez lui cette action, quelle gorge déployée l'exécute à gros bruit... nous en avons la quotidienne et douloureuse épreuve ! Mais le sourire ? Bernique ! Il est à nous, à nous tout seuls, — ou du moins en premier. Aussi je m'amusais bien dans le fond, malgré ma colère, en entendant le haut et puissant seigneur des Arts d'Outre-Rhin, Dieu de l'esthétique germaine, déraisonner avec tant de succès ! Quand il s'écriait, en s'étonnant de nous : « Remarquez cette joie frivole et cette insouciance ! Ils n'ont pas l'air de se douter que nous sommes là et que nous les tenons captifs, épinglés au mur, tous ces beaux papillons !... » il ne se doutait pas lui-même du vrai sentiment qu'exprimait la claire énigme de nos yeux, il n'en sentait pas le dégoût, la hautaine répulsion. L'impitoyable dédain de nos lèvres retroussées ne lui motivait pas notre arrêt sans appel. Jamais il ne comprendra que le mépris fasse exprès de s'accroître et de s'orner par le sourire. C'est pourtant notre première et jolie revanche. Oui, mal assouvis de les exécrer, nous nous moquons d'eux ! Si je n'avais l'honneur d'être écouté par d'augustes oreilles, je dirais le mot cru : que nous nous... hum... d'eux, et de tout notre cœur !

LE ROI.

Dites-le, monsieur ! C'est un mot français. Qui de nous, par instants, ne s'en est servi ? Ne le laissons pas refroidir. Voilà l'occasion.

LA TOUR.

Sans doute, Sire. Mais non. Si ce mot est dans nos pensées, notre bouche veut le taire, par respect de Vos Majestés. Ils n'y perdront rien, pourtant ! (Il a pris sur la cheminée le livre posé par le Kaiser.) Voilà donc ce fameux bouquin ! (Il le lève et le montre. On se rapproche.) L'extérieur, d'abord... Ravissant, n'est-ce pas ? Ce cartonnage gris verdâtre et cet encadrement de style munichois, ce dos d'un violet nauséabond, ces tranches lie de vin et ces caractères gothiques... c'est bien ce qu'il fallait, ce qui s'accordait avec des pastels du temps de Louis XV ! Quelle précision et quel bonheur de goût ! Quelle quintessence d'à-propos ! Et le titre ! Ailé, caressant, musical. *Korpsverlagsbuchhandlung Bapaume* !

MADAME FAVART.

Ah ! mon Dieu !

LE MARÉCHAL DE SAXE.

C'est une adresse de Kommandantur.

LA TOUR.

Attendez. Ce n'est pas fini. Arc-boutez-vous. (Lisant.) *Ein Deutsches Reservekorps gibt Französische Kunst heraus* ! *La Tour hat in seinem Pastelporträts den Geist und die Liebenswurdigkeit des Rokoko verherrlicht wie Kein anderer.* Et en dessous :

S. M. König Wilhelm II von Wurtemberg nahm die Widemung an.

LA CAMARGO.

Ce qui veut dire ? Ah ! vite ! J'ai soif...

LA PLUPART.

Non ! Non !

UNE VOIX.

Assez !

UNE AUTRE.

Grâce !

UNE AUTRE.

Pitié !

LA TOUR, inébranlable.

Il faut souffrir, il faut savoir. C'est instructif.

CRÉBILLON.

C'est inhumain.

LA TOUR.

Ce qui veut dire... Je traduis littéralement et dans l'ordre des inversions : Un corps de réserve allemand publie, de l'art français, avec La Tour, qui, dans ses pastels, éclaire et fait surgir tout l'esprit et la grâce du rococo...

DES VOIX

Oh !

UNE AUTRE.

Aïe !

UNE AUTRE.

Non ?

DUCLOS, à La Tour.

Vous en remettez !

L'ABBÉ POMMYER.

Il brode, il se roule, il invente.

LA TOUR.

Je vous jure... Je suis honnête. (Continuant.) Du rococo, comme aucun autre.

MADEMOISELLE FEL, à la Tour.

Ça par exemple : « comme aucun autre, » c'est gentil, voyons ?

MONSIEUR DE JULIENNE.

Oui, pour un compliment, et de leur part...

LA TOUR.

Il m'offense. Rokoko ! Mais d'où sortent-ils ?

LE ROI.

De Potsdam, qu'ils prennent pour Versailles.

LA TOUR.

Je les entends d'ici doctoriser : « Das ist rokoko... »

MONCRIF.

Avec des K !

MADEMOISELLE DANGEVILLE.

Oui, pourquoi ?

MONSIEUR DE LA POPELINIÈRE.

La lettre c leur fait donc peur ?

MADEMOISELLE CLAIRON.

Ah ! dame !

LA TOUR.

Alors, ils croient, tout de bon, que le Louis-Quinze est rococo ?... et que notre art, le plus beau, le plus pur, est de la décadence ? Les imbéciles ! Les malheureux ! (S'adressant à Voltaire.) Je vous en prie, monsieur... (et tourné vers d'Alembert), et vous aussi, qui les avez si bien connus dans le temps, comment expliquez-vous cela ? (Revenant à Voltaire.) Et comment, d'abord, vous qui étiez la fleur, et la plus fine, de l'esprit français, de la grâce et du goût, comment avez-vous pu, ne fût-ce qu'au passage, vous accommoder de ces gens-là ? Comment n'avez-vous pas deviné à l'avance ?...

VOLTAIRE, agacé.

Ah ! Comment ? Comment ? Monsieur du Comment ? C'est facile à vous aujourd'hui de me harceler là-dessus !... Aussi bien je m'y attendais. D'abord, ces Allemands-là différaient beaucoup de ceux d'à présent.

LA TOUR.

Non. Sans en avoir l'air ils étaient au fond tout pareils.

ROUSSEAU, à Voltaire.

Hé oui ! On vous en veut un peu...

VOLTAIRE, à Rousseau.

On m'en a toujours voulu de quelque chose. C'est une habitude qu'on a. Je ne dis pas cela pour vous.

ROUSSEAU.

... De n'avoir pas su mieux pénétrer jusqu'aux bas-fonds du cœur de ces hommes de proie, de n'avoir pas su démêler leurs desseins futurs de force brutale, de vous être arrêté à la surface de leurs dissertations et de leurs éloges, de n'avoir pas senti, sous la grosse caresse du gant, la main de fer.

LE MARÉCHAL DE SAXE.

La patte de la bête.

LA TOUR.

Ses os durs.

MONCRIF.

Et ses griffes.

VOLTAIRE.

Tra la la ! Le pouvait-on ? Qui l'aurait pu ?

ROUSSEAU.

Vous seul. Vous le pouviez, vous le deviez. (Humble et amer.) Génie oblige.

VOLTAIRE, à Rousseau.

En ce cas, tout vous désignait. Les bas-fonds du cœur ! Vous étiez là comme chez vous. Et cependant, grand précurseur social, vous n'y avez rien vu non plus.

ROUSSEAU.

Je n'habitais pas comme vous les palais, ni les cours étrangères. Moi, pour me faire oublier et me débarrasser de l'injustice humaine, j'errais dans les bois, en fredonnant une ariette...

VOLTAIRE.

... Et ne pensant qu'à la pervenche ? On le sait. Laissons donc là, monsieur, mes palais et vos ermitages. C'est du Kaiser qu'il s'agit et de son étonnant discours. Il a beau m'avoir bien traité... Grand merci ! Croit-il qu'il me flatte ? et que, pour avoir fait la *Henriade*, je serais tenté, si par malheur je vivais encore, d'écrire une *Guillaumade* ? Ah ! non !

D'ALEMBERT, à Voltaire.

C'est comme quand il a dit, sans paraître en douter, « que nous ferions la paix » tout de suite ! Et allez donc !

VOLTAIRE.

Oui. A-t-on idée ?

D'ALEMBERT.

Le vilain homme !

VOLTAIRE.

Mais voilà. C'est bien fait ! Il me juge d'après l'opinion avantageuse que j'avais de ses aïeux et d'après celle aussi qu'ils se faisaient de moi, dans le sens où je m'étais appliqué moi-même à l'inspirer... Et puis, Guillaume II est vivant... et nous, nous sommes morts. Énorme différence. Il ne sait pas, et nous savons. Le premier bénéfice des morts est la clairvoyance soudaine de leur vie. A l'instant où ils ne peuvent plus rattraper les sottises du passé, celles-ci leur sont brusquement et complètement révélées. L'irréparable, pour se montrer, choisit exprès l'au-delà. Mais, si mes erreurs et mes fautes me crèvent les yeux trop tard, je veux du moins les proclamer. Depuis tout à l'heure j'étouffe. Il faut que je me soulage. Eh bien oui, quand je me rappelle ce que j'ai pensé, dit et écrit à propos de ces damnés Allemands, je rougis, comme Mlle Clairon quand on lui manquait, et je ne sais plus où me fourrer. Je ne peux plus relire ma correspondance avec le Prince de Prusse. Elle m'horripile. Je voudrais m'expurger. Ah ! ces fameuses lettres à mon « Fédéric », pour lesquelles j'avais toujours eu un petit faible...

ROUSSEAU.

Si petit que ça ?

VOLTAIRE.

A présent je n'en donnerais pas quatre sols. Est-ce moi ? J'ai honte à me reconnaître. Ainsi c'est pour cet homme-là qui limait des vers si plats que je me suis prodigué, que j'ai compromis ma santé, perdu un temps si précieux de ma brève existence, et que je faisais la lippe en crachant sur Louis Quatorze à la pauvre orthographe ? J'immolais un de nous, et quel ? mon roi ! à celui-là ! et je médisais des miens ! de mon pays ! Pourquoi ? Parce qu'enivré des louanges de ce prince et les lui ayant rendues au centuple..., à ce jeu nous nous étions l'un l'autre absolument pourris. Orgie de compliments. Débauche de mensonges. Par nos bouches tout a passé : les vertus, les grâces, les rayons, les palmes, les couronnes, le myrte et les lauriers, toutes les formules de la flatterie, toute la mythologie de l'adulation. La modestie et la décence étaient pulvérisées. Il suffoquait d'enthousiasme à mon égard et j'en haletais pour lui. Tudieu ! Quel délire ! Quels chassés-croisés ! Quels assauts ! On n'y allait pas de langue morte. Il me lançait de l'Apollon, je lui renvoyais de l'Orphée ! Le génie ne comptait plus. Nous en étions tous les deux à la simple divinité. On se tutoyait comme des Jupiter. *Tu deus* ! *Tu quoque* !

MADAME DE LA POPELINIÈRE, bas, à son mari.

Quoi ? Que dit-il ?

LA POPELINIÈRE, qui élude.

C'est du latin.

VOLTAIRE.

Combats à l'encensoir, jets de madrigaux, petits vers à toute heure, effeuillés comme des roses, libations d'odes... eau bénite ! !

VOIX NOMBREUSES.

Oh ! Vous ?

VOLTAIRE.

Oui ! Moi ! Satan me pardonne ! moi qui croyais la détester... quand elle me mouillait et me piquait les joues, je la trouvais agréable ! Je vous dis que nous étions fous ! Si encore on s'en était tenu à s'offrir l'Olympe, à se garantir l'immortalité ? Mais le fâcheux, c'est qu'on profanait le sentiment par un commerce d'amitié qui divaguait comme l'amour ! Quels noms, quels qualificatifs n'ai-je pas donnés dans mes épîtres à ce prince élu de mon cœur ! Il a été Platon, Marc-Aurèle, Henri IV, François Ier, Pierre le Grand, Socrate, Achille et Mars ! Je lui ai dit qu'il pinçait de la lyre comme Homère et jouait de la flûte comme Télémaque ; je lui ai mille fois déclaré qu'il était le chef-d'œuvre de la création ! Et il l'a cru ! Et lui, de son côté, ne m'avait-il pas persuadé que Corneille et Racine n'étaient que la crotte de mes talons et qu'aucune femme ici-bas, ne surpassait ma divine Émilie ? Extravagant ! Enfin, moi, le libre esprit, l'affranchi suprême, j'ai été plus idolâtre envers cet homme très ordinaire que le dernier des recteurs de village envers son bon Dieu. J'ai baisé ses mains, j'ai baisé ses pieds, sa signature, ses portraits.

L'ABBÉ LEBLANC.

Et vous n'auriez pas baisé la mule du pape !

VOLTAIRE.

C'est vrai. Quel illogisme ! Je ne pouvais pas regarder sans rire un cuistre d'église plier le genou, et je me suis mis à plat ventre devant ce pédant couronné, comme un dévot à la procession. J'enrage. Ah ! que n'ai-je le moyen, — faute de les lui renvoyer, — de rassembler ses lettres, son fatras, ses bagues, ses breloques, ses tabatières, ses portraits et ses cannes ? tout ce qu'il m'a donné ? Cela ferait un beau tas, j'y mettrais moi-même le feu, et quand il serait bien pris, j'y jetterais...

VOIX NOMBREUSES.

Quoi, monsieur ?

VOLTAIRE, avec éclat.

La Pucelle ! !

LE PÈRE EMMANUEL.

Seigneur !

L'ABBÉ HUBER.

Qu'entends-je ?

L'ABBÉ POMMYER.

Est-il possible ?

VOLTAIRE.

Item ! *La Pucelle* ! Au bûcher !

ROUSSEAU.

Comment ? Encore ! Une fois ne vous suffit pas ? Vous voulez la rebrûler ? Votre persistante haine...

VOLTAIRE.

Mais non, monsieur ! C'est moi que je brûle, en signe de remords.

DUCLOS, à part.

Il s'humilie : il est souffrant.

VOLTAIRE.

La riche idée que j'ai eue là, le jour que, sous couleur d'une petite impertinence en vers, j'ai commis ce crime imbécile ! Et quelle sottise ! Mon œuvre entière est tachée par l'encre de ce méchant poème. Il continue à me salir en ayant l'air de me représenter. Je reste pour les honnêtes gens l'auteur de *la Pucelle.* Que les Français d'aujourd'hui ne me soient pas trop cruels ! Le patriotisme autrefois n'était pas né. Il a fallu du temps, et surtout ce temps-ci, pour que sa grâce opère en nous. Aussi, c'est fini. Grondez-moi. Battez-moi. Je dirai : *Meâ culpâ.* Je ne ricane plus.

ROUSSEAU, rêveur.

Est-ce bien sûr ?

VOLTAIRE.

... J'admire et je respecte Jeanne. Je lui demande pardon, et à l'Église, aux curés, aux capucins, à tout le monde, au diable, à Dieu, même aux Jésuites !... comme je pardonne aussi « à ceux qui nous ont offensés », même à ce petit Musset, pour son « hideux sourire ! » Ouf ! L'apostume a crevé ! Maintenant, ça va mieux !

(Explosion soudaine. Proférés sur des tons divers, ce sont des : « Monsieur ! monsieur ! » Et des : « Oh ! Ah ! » des : « Lui ! » des : « Qui l'eût cru ? » des : « Qui l'eût dit ? » des cris, des transports, et des rires.)

L'ABBÉ HUBER, tout tremblant.

Mon ami ! Enfin !

LE PÈRE EMMANUEL, qui s'avance, les bras ouverts.

Cher enfant ! Je savais bien !

VOLTAIRE, les retenant du geste.

Ah ! laissez ! Ça suffit.

ROUSSEAU.

Mes compliments, monsieur. Vous avez voulu faire, vous aussi, vos Confessions... (L'assistance approuve et souligne.) posthumes il est vrai, partant sans effet.

VOLTAIRE.

D'autant plus désintéressées. On les fait comme on peut. Chacun la sienne.

LA TOUR, à Voltaire, avec brusquerie.

Eh bien ! monsieur, excusez-moi ! Je condamne la vôtre. (Etonnement général.) Ah çà ? Qu'y a-t-il ? Quel vent de folie ? Rome n'est plus dans Rome ! et Voltaire n'est plus Arouet ! Que vous regrettiez certaines erreurs... d'accord ! Mais vous exagérez et vous dépassez la mesure ! Croyez-moi ; restons tous ce que nous avons été : tels que l'on nous a connus, aimés, et transmis après nous au jugement des hommes, tels que vous m'avez permis de vous surprendre un jour dans le bon éclairage. Demeurons naturels et ressemblants. Ne nous excitons pas, sous prétexte que nous sommes morts, à nous défigurer pour la postérité. Celle-ci d'ailleurs nous veut loyaux, fidèles à nous-mêmes, sans trahison d'outre-tombe. Quelles que soient la tristesse et la grandeur des temps présents pour lesquels nous n'étions pas faits, n'essayons pas en vain de nous y conformer. Chagrins, nous cesserions de plaire à nos petits-fils, et c'est au contraire notre sourire, notre grâce, notre élégance et la vertu de notre beauté qui les rattachent à l'espoir et qui leur donnent du courage. Ils se battent aussi pour nous. Ne changez donc pas, je vous en supplie ! Raille, Voltaire ! Souffre et plains-toi,

Rousseau ! Badine, abbé Pommyer ! Chantez, Favart et Fel ! Gonflez-vous, les Fermiers ! Déclame Clairon ! Danse, Camargo ! Bouffonne, Manelli ! Triomphez, Pompadour ! Sois toujours vainqueur, Maurice !... Et vous, Sire, régnez ! régnez toujours sur nous !

LE ROI.

Il a raison, messieurs ! Et puis, c'est lui qui nous a faits tels que nous étions, pris au vif, et légués à l'avenir. Nous lui appartenons ; il faut l'écouter. C'est lui notre maître. Or, ce qu'il dit est juste. En restant dans la franchise de nos manières, nous remplissons notre devoir et servons mieux notre pays.

CRÉBILLON.

Notre pays... Hélas ! Nous sommes prisonniers !

LE MARÉCHAL DE SAXE.

Pour un jour ! Pour une heure !

LA TOUR.

Eh oui ! Ces Germains ne nous ont pas ! Ils le croient ! Ils se trompent. Notre âme leur échappe. Ce qui est *nous*, au delà de l'image, appartient et reste à la France, à cette seule grande Dame. A ce point de vue, nous sommes insaisissables, et l'on n'a sur ces toiles que notre apparence, notre poussière.

MONSIEUR DE JULIENNE.

Mais cette apparence et cette poussière elle-même, *s'ils* les gardaient ? Ou, — j'en frémis ! — *s'ils* les détruisaient ?

LA TOUR, avec force.

Nous resterions, quand même. La *Joconde* existait toujours après qu'elle avait disparu. On ne l'a pas rendue en la rapportant. Pas de puissance au monde qui soit capable de nous supprimer !

VOLTAIRE, à part lui.

Oui, je sais bien. Nous sommes.

LE ROI, montrant La Tour.

Et le génie de monsieur, en plus, nous a « fixés ». Mais non, nous n'aurons pas besoin d'être captifs, ou anéantis, pour demeurer. Nous reviendrons à Saint-Quentin.

LA TOUR.

Ah ! Sire !

(Un grand mouvement d'émotion les agite tous.)

LE ROI.

Je vous en donne ici ma parole de roi.

LE MARÉCHAL DE SAXE.

Et moi de soldat. (Etendant le bras vers les armes et les obus disposés dans les coins.) Sur ces trophées. Nos petits-fils, demain, nous délivreront.

MADEMOISELLE CLAIRON, tendant l'oreille.

Chut ! Écoutez ?

MADAME FAVART.

On vient.

MADEMOISELLE CAMARGO, esquissant un pas, mutine.

La ronde de nuit...

LE ROI.

Reprenons nos places ! Et toujours notre allure ? Pastels de La Tour, haute la tête !

LE MARÉCHAL DE SAXE.

Comme les cœurs !

VOLTAIRE, à l'abbé Huber qui a repris en hâte son flambeau.

Éteins, l'abbé !

L'ABBÉ HUBER, à voix basse, en soufflant la chandelle.

Ainsi soit-il !...

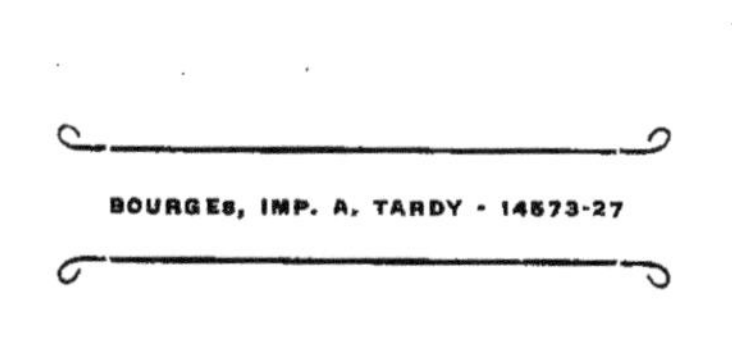
BOURGES, IMP. A. TARDY - 14573-27

www.ingramcontent.com/pod-product-compliance
Ingram Content Group UK Ltd.
Pitfield, Milton Keynes, MK11 3LW, UK
UKHW021518260726
13993UKWH00004B/1738

9 782329 204901